Nordrhein-Westfälische Akademie der Wissenschaften

Natur-, Ingenieur- und Wirtschaftswissenschaften Vorträge · N 432

Herausgegeben von der
Nordrhein-Westfälischen Akademie der Wissenschaften

JÖRG BAETGE

Empirische Methoden zur Früherkennung von Unternehmenskrisen

Westdeutscher Verlag

Gemeinsame Sitzung der Klasse für Natur-, Ingenieur- und Wirtschaftswissenschaften und der Klasse für Geisteswissenschaften – Leo-Brandt-Vortrag – am 24. September 1997 in Düsseldorf

Die Deutsche Bibliothek – CIP-Einheitsaufnahme

Baetge, Jörg:
Empirische Methoden zur Früherkennung von Unternehmenskrisen / Jörg Baetge. – Opladen; Wiesbaden: Westdt. Verl., 1998
(Vorträge / Nordrhein-Westfälische Akademie der Wissenschaften: Natur-, Ingenieur- und Wirtschaftswissenschaften; N 432)
ISBN 978-3-531-08432-9 ISBN 978-3-322-88647-7 (eBook)
DOI 10.1007/978-3-322-88647-7

Der Westdeutsche Verlag ist ein Unternehmen der Bertelsmann Fachinformation GmbH.

Gedruckt auf säurefreiem Papier.
Herstellung: Westdeutscher Verlag

ISSN 0944-8799
ISBN 978-3-531-08432-9

Inhalt

1. *Traditionelle versus moderne Bilanzanalyse*

Da die Zahl von Unternehmensinsolvenzen in Deutschland ständig zunimmt, ist es für Kreditgeber, speziell für Kreditinstitute und Leasinggesellschaften, entscheidend, die Zahlungsfähigkeit von Unternehmen richtig einzuschätzen und dazu ein möglichst breites Informationsspektrum zur Verfügung zu haben. In ein Urteil über die Unternehmensbonität gehen z. B. Informationen über die gegenwärtige Unternehmenssituation, die Kontoführung, die Qualität des Managements, die Branchensituation und die Bilanzbonität ein. Die Bilanzbonität, die sich aus einer Analyse der Daten des Jahresabschlusses ergibt, spielt indes traditionell die dominierende Rolle[1], da der Jahresabschluß oft die einzige globale Information über ein Unternehmen ist.

Ziel der Bilanzanalyse bzw. Bilanzbonitätsanalyse ist es, eine drohende Krise eines Unternehmens frühzeitig zu erkennen und ein Gesamturteil darüber zu fällen, ob der Fortbestand des analysierten Unternehmens gefährdet ist. Teilurteile über die wirtschaftliche Lage des Unternehmens lassen sich gewinnen, indem die Daten des Jahresabschlusses zu Verhältniszahlen verdichtet werden. In einem weiteren Schritt müssen die für eine Beurteilung der Insolvenzgefährdung relevanten Verhältniszahlen ausgewählt, gewichtet und zu einem Gesamturteil aggregiert werden. Geht der Bilanzanalytiker dabei nur nach seinen subjektiven Erfahrungen vor, ergibt sich allerdings kein objektives Gesamturteil über das Unternehmen. Z. B. entsteht das Problem, widersprüchliche Kennzahlen-Teilurteile über ein Unternehmen (z. B. hohe Rendite als positives Teilurteil bei gleichzeitiger hoher Verschuldung als negatives Teilurteil) bei der Beurteilung korrekt zusammenzufassen. Ebenso kann das Gesamturteil durch Bilanzpolitik verfälscht sein, da der Bilanzierende durch Wahlrechte und Sachverhaltsgestaltungen die Möglichkeit hat, sein Unternehmen besser oder schlechter darzustellen, als es eigentlich ist. Außerdem dürfte es auf der subjektiven Erfahrungsbasis schwierig sein, alle für die

[1] Wie sich bei einer empirisch-statistischen Analyse sowohl von Jahresabschlüssen als auch von Auskünften von tausenden gesunden und später insolventen Unternehmen herausgestellt hat, ist die Dominanz der Jahresabschlußinformationen auch empirisch-statistisch begründbar. Vgl. Baetge, J./Uthoff, C., Sicheres Kreditgeschäft, S. 10.

Beurteilung der wirtschaftlichen Lage relevanten Kennzahlen auszuwählen und somit ein ganzheitliches, d. h. alle relevanten Informationsbereiche des Jahresabschlusses einbeziehendes Gesamturteil zu erhalten, weil es für den Bilanzanalytiker keine Prüfungsmöglichkeit bezüglich der Ganzheitlichkeit der Informationen gibt.

Mit Hilfe der empirischen Bilanzforschung ist es dagegen möglich, den oben geschilderten Problemen der traditionellen Jahresabschlußanalyse, die auch bei der Nutzwertanalyse (Scoring-Verfahren) auftreten, zu begegnen. Durch Multivariate Diskriminanzanalyse (MDA) oder Künstliche Neuronale Netzanalyse (KNNA) kann anhand einer sehr großen Menge von Jahresabschlüssen solventer und später insolvent gewordener Unternehmen jene Kennzahlenkombination ausgewählt werden, die objektiv die Bilanzbonität von Unternehmen am zuverlässigsten und ganzheitlich beurteilt.[2] Dazu werden aus den Kennzahlenausprägungen der Jahresabschlüsse vieler solventer und vieler später insolvent gewordener Unternehmen mathematisch-statistisch die für die Bonitätsbeurteilung relevanten Kennzahlen aus einer sehr großen Menge von möglichen Kennzahlen bestimmt und deren optimale Gewichtung und Zusammenfassung berechnet. Das mathematisch-statistisch gewonnene Ergebnis läßt sich anhand einer großen Validierungsstichprobe auf Objektivität (Zuverlässigkeit), Optimalität und Ganzheitlichkeit des Kennzahlensatzes prüfen.

Folgendes Beispiel zeigt die Probleme der traditionellen und die Vorgehensweise der modernen Bilanzanalyse.[3] Wie in Abbildung 1 ersichtlich, wurden Kombinationen der beiden häufig gewählten Kennzahlen Fremdkapitalquote (kurzfristiges Fremdkapital/Bilanzsumme) und Cash-Flow2-Return-on-Investment (CF2/Gesamtkapital) von zwölf zufällig ausgewählten solventen (weiße Quadrate) und von zwölf später insolventen Unternehmen (schwarze Quadrate) in ein Koordinatensystem eingetragen.[4] Für die FK-Quote gilt die Hypothese I>S, d. h. *i*nsolvente Unternehmen weisen im Durchschnitt höhere Werte dieser Kennzahl auf als *s*olvente. Für den CF2-ROI gilt die Hypothese I<S, d. h. *i*nsolvente Unternehmen weisen im Durchschnitt geringere Werte dieser Kennzahl auf als *s*olvente.

[2] Vgl. Baetge, J., Rating von Unternehmen, S. 1–2.

[3] Vgl. zu diesem Beispiel auch Baetge, J./Hüls, D./Krause, C./Uthoff, C., Rationalisierung des Firmenkundenkreditgeschäfts, S. 8–9; Baetge, J./Hüls, D./Uthoff, C., Bilanzbonitätsanalyse mit Künstlichen Neuronalen Netzen, S. 322–323; Baetge, J./Sieringhaus, I., Bilanzbonitäts-Rating, S. 226–231; Baetge, J./Kruse, A./Uthoff, C., Bonitätsklassifikationen von Unternehmen, S. 273–274.

[4] Vgl. Hüls, D., Früherkennung insolvenzgefährdeter Unternehmen, S. 22–32.

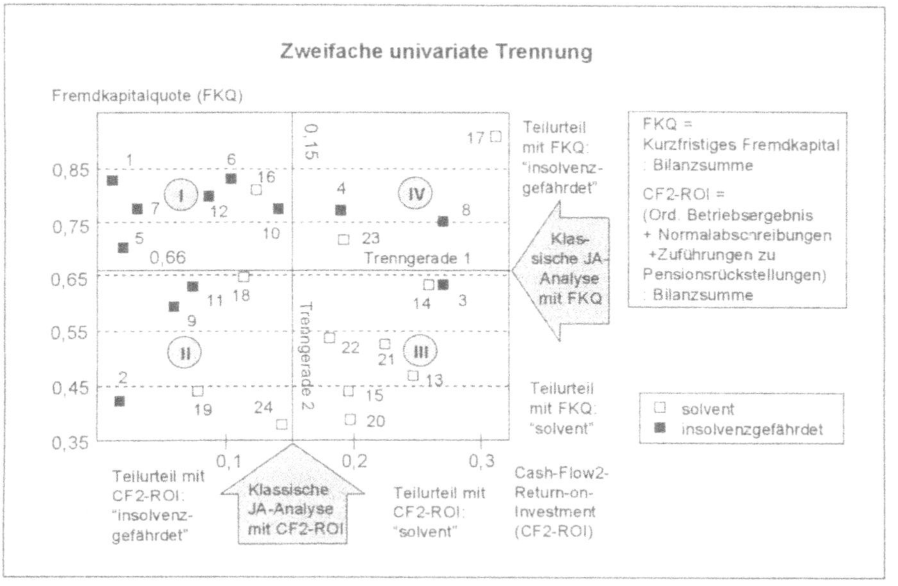

Abb. 1: Zweifache univariate Trennung (traditionelles Vorgehen)

In Abbildung 1 werden die Unternehmen traditionell beurteilt, nämlich auf der Basis von Teilurteilen anhand jeder einzelnen herangezogenen Kennzahl. Das bedeutet, jedes Unternehmen wird univariat beurteilt, d. h. anhand von jeder einzelnen Kennzahl in solvent und insolvenzgefährdet getrennt. Wie in der Grafik veranschaulicht, ergibt sich mit der „Methode des Augenmaßes“, d. h. durch genaues Hinschauen, für die FK-Quote ein fehlerminimaler Trennwert von ca. 66% (Trenngerade 1), d. h. hierbei werden die wenigsten Unternehmen fehlklassifiziert. Es treten zwei Arten von Fehlklassifikationen auf. Man spricht von einem Alpha-Fehler, wenn ein tatsächlich insolvenzgefährdetes Unternehmen fälschlich als solvent klassifiziert wird und von einem Beta-Fehler, wenn ein tatsächlich solventes Unternehmen fälschlich als insolvenzgefährdet eingestuft wird. Von den zwölf Unternehmen, die tatsächlich später insolvent werden, werden mit der Trenngerade 1 insgesamt vier fälschlich als solvent klassifiziert (Alpha-Fehler = $^4/_{12}$). Von den zwölf Unternehmen, die tatsächlich solvent sind, werden insgesamt drei fälschlich als insolvenzgefährdet klassifiziert (Beta-Fehler = $^3/_{12}$). Zieht man für die univariate Trennung den CF2-ROI heran, so ergeben sich bei einem Trennwert von ca. 15% (Trenngerade 2) die geringsten Fehlklassifikationen. Der Alpha-Fehler beträgt hier $^3/_{12}$, der Beta-Fehler $^4/_{12}$.

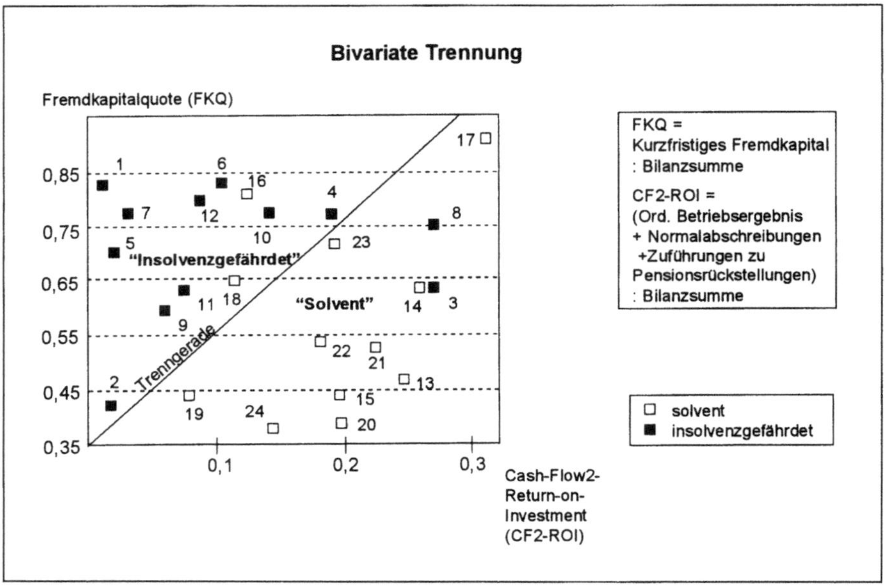

Abb. 2: Bivariate Trennung

Bereits der Fall der zweifachen univariaten Trennung zeigt, daß die Zusammenfassung der beiden Teilurteile zu Widersprüchen führen kann. Denn die Teilurteile der beiden Kennzahlen in den Bereichen II und IV in Abbildung 1 passen nicht zusammen. Die Unternehmen in Bereich II werden mit dem CF2-ROI als insolvenzgefährdet und mit der FK-Quote als solvent beurteilt, während es bei den Unternehmen in Bereich IV genau umgekehrt ist. Die Zahl der widersprüchlichen Teilurteile würde zwangsläufig zunehmen, wenn – wie üblich – mehr als zwei Kennzahlen zur Beurteilung von Unternehmen herangezogen würden und zusammengefaßt werden sollten. Die Lösung dieses Problems bietet die bivariate Trennung (Abbildung 2). Die beiden Kennzahlen werden dazu mit mathematisch-statistischen Verfahren gewichtet und zu einem Wert zusammengefaßt. Der geometrische Ort der Ausprägungen dieses Wertes ist eine Diskriminanzfunktion. Die Trenngerade in Abbildung 2 steht senkrecht auf der Diskriminanzfunktion und zwar – wie schon bei der univariaten Trennung – so, daß möglichst wenige Fehlklassifikationen auftreten. Abbildung 2 verdeutlicht, daß die Fehlklassifikationen im Vergleich zu den beiden univariaten Trennungen nicht unerheblich reduziert werden konnten, da bei der bivariaten Trennung sowohl der Alpha-Fehler als auch der Beta-

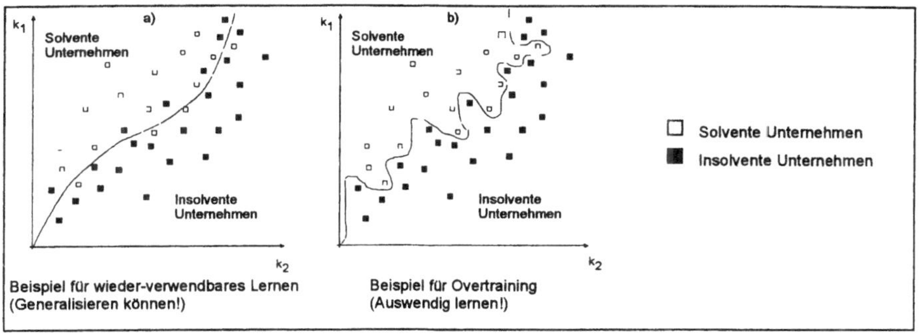

Abb. 3: Overtraining

Fehler nur noch 2/12 betragen. Es ist ebenfalls erkennbar, daß auch die Widersprüche in den Teilurteilen aufgelöst werden konnten.

Desweiteren liefert die bivariate Trennung betriebswirtschaftlich sinnvolle Ergebnisse, wie die Klassifikation des Unternehmens Nr. 17 zeigt. Dieses Unternehmen wurde aufgrund seines hohen CF2-ROI trotz einer hohen Verschuldung als solvent klassifiziert, was in Anbetracht der hohen Leverage-Chance dieses Unternehmens betriebswirtschaftlich sehr plausibel ist.

Mit der KNNA wird eine solche Trennfunktion nicht mit der „Methode des Augenmaßes", sondern mathematisch-statistisch ermittelt. Diese Funktion wird in der Regel nicht-linear sein, und es werden deutlich mehr als zwei Kennzahlen einbezogen (multivariate Trennung), was sich grafisch nicht mehr darstellen läßt. Während der Entwicklung eines Künstlichen Neuronalen Netzes (KNN) muß allerdings darauf geachtet werden, daß dem Netz die Daten, anhand derer es lernen soll, solvente von insolvenzgefährdeten Unternehmen zu unterscheiden, nicht zu oft präsentiert werden. Denn dann besteht die Gefahr, daß das Netz die Strukturen dieser Lerndaten auswendig lernt und nicht mehr in der Lage ist, fremde Unternehmen mit ihren Jahresabschlüssen zutreffend zu beurteilen (Overtraining, Abbildung 3).

Das Overtraining läßt sich vermeiden, indem die Zahl der Fehlklassifikationen während des Lernens mit einer sogenannten Teststichprobe kontrolliert wird. Sinken die Fehlklassifikationen in der Teststichprobe während des Lernens nicht weiter, sondern fangen an zu steigen, wird das Lernen des KNN abgebrochen.

2. Der Einsatz eines Künstlichen Neuronalen Netzes bei der Kreditwürdigkeitsprüfung

Nachdem ein Künstliches Neuronales Netz (KNN) zur Früherkennung von Unternehmenskrisen entwickelt worden ist, kann es z. B. in den Kreditvergabeprozeß integriert werden. Das Netz wird während des Einsatzes nicht weiter entwickelt, sondern lediglich auf seine Klassifikationsleistung geprüft und im Bedarfsfall „gewartet". Bei der Vergabe von Krediten spielt die Einschätzung der Bilanzbonität der Kreditkunden eine herausragende Rolle, da im Falle einer zu positiven Beurteilung des Kunden Kreditausfälle (Alpha-Fehler) und bei zu negativer Bewertung entgangene Gewinne (Beta-Fehler) die Folge sind. Bei intensiver individueller Prüfung jedes Kreditkunden durch Kreditsachbearbeiter entstehen sehr hohe Prüfungskosten. Außerdem ist bei der individuellen Prüfung und Überwachung jedes Firmenkunden ein sehr hoher Personalbedarf gegeben, der nicht in jedem Fall mit der erforderlichen Expertise gedeckt werden kann. Nach der Prüfung von sogenannten Knock-out-Kriterien durch Mitarbeiter (z. B. ein Antragsteller erhält wegen der starken Kundenabhängigkeit keinen Kredit, wenn er nur einen einzigen großen Kunden hat) sollte ein KNN-Klassifikator so in den Kreditvergabeprozeß eingebunden werden, daß zur „Vor"-Beurteilung auf einer Vorstufe alle Unternehmen, die die Prüfung der Knock-out-Kriterien bestanden haben, durch den Klassifikator geprüft werden. Den Unternehmen, die als „solvent" beurteilt werden, wird der Kredit gewährt. Als „insolvenzgefährdet" beurteilte Unternehmen werden auf der zweiten Stufe durch die erfahrensten Kreditsachbearbeiter intensiv geprüft. Den Unternehmen, die auch nach eingehender Prüfung durch die Experten weiterhin als insolvenzgefährdet beurteilt werden, wird der Kredit verwehrt.

Die Kreditausfallkosten sind um so geringer, je kleiner der Alpha-Fehler ist, d. h. je weniger tatsächlich insolvente Unternehmen durch das KNN als „solvent" klassifiziert werden. Außerdem entgehen dem Kreditgeber weniger Gewinne bzw. entstehen ihm weniger Kosten für Nachprüfungen, wenn der Beta-Fehler des Klassifkators klein ist, d. h. wenn wenig tatsächlich solvente Unternehmen durch das KNN als „insolvenzgefährdet" klassifiziert werden. Abbildung 4 zeigt schematisch die Verteilung der Ausgabewerte eines KNN von solventen und später insolventen Unternehmen.

Die Höhe des Alpha- und des Beta-Fehlers eines fertig entwickelten KNN hängt davon ab, an welche Stelle der Trennwert (N_T) gelegt wird (vgl. Abbildung 4). Ein Unternehmen mit einem N-Wert kleiner N_T wird als „insolvent" klassifiziert, obwohl es ein solventes Unternehmen sein kann. Durch Verschiebung des Trennwertes (N_T) kann für das eingesetzte KNN jene

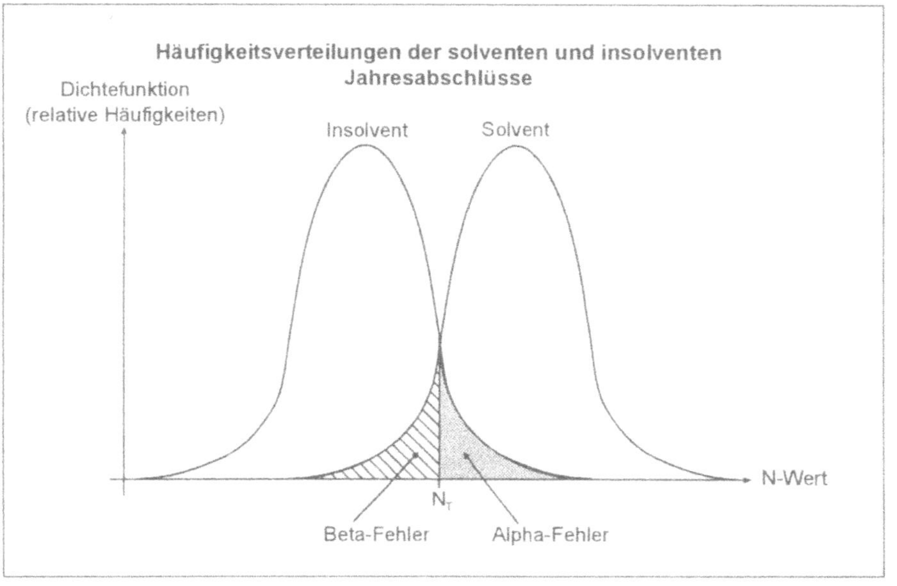

Abb. 4: Häufigkeitsverteilung solventer und insolventer Jahresabschlüsse

Alpha-Beta-Fehlerkombination ermittelt werden, bei der bei gegebenen Einflußgrößen (A-priori-Insolvenzwahrscheinlichkeit, durchschnittliche Ausfallkosten pro Insolvenz, durchschnittlicher Gewinn pro Jahr pro Firmenkunde, durchschnittliche Prüfungskosten je als „insolvenzgefährdet“ klassifiziertem Fall, Zuverlässigkeit der Prüfung durch die erfahrensten Kreditsachbearbeiter) der Erfolg des Kreditgebers am größten ist. Dies bedeutet, daß der Trennwert so gelegt werden sollte, daß die optimale Alpha-Beta-Fehlerkombination erreicht wird. In Abbildung 5 sind ein Klassifikator mit seinen möglichen Alpha-Beta-Fehlerkombinationen und beispielhafte Erfolgsgeraden eingetragen, von denen jede einen bestimmten Erfolg repräsentiert, der durch alle Fehlerkombinationen, die auf dieser Gerade liegen, erreicht werden kann. Der Erfolg ist dabei um so höher, je näher die Erfolgsgeraden am Ursprung liegen. Der beste Klassifikator ist jener, der die Erfolgsgerade mit dem höchsten Erfolg tangiert. Die optimale Alpha-Beta-Fehlerkombination dieses Klassifikators liegt im Tangentialpunkt T.[5] Hier wäre der zu erzielende Erfolg mit 14 000 GE am größten.

[5] Vgl. Uthoff, C., Erfolgsoptimale Kreditwürdigkeitsprüfung, S. 17–31 und S. 88–108.

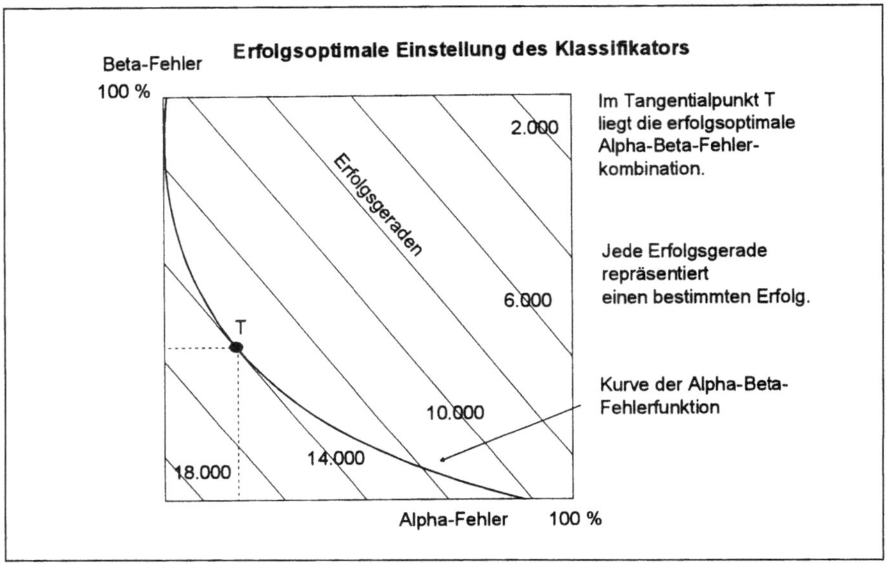

Abb. 5: Erfolgsoptimale Einstellung des Klassifikators

Nachfolgend wird am anonymisierten Beispiel einer mittelgroßen Bank verdeutlicht, welche Einsparungspotentiale sich durch den Einsatz eines KNN bei der Kreditprüfung ergeben.

Beispieldaten für ein Kreditinstitut:

- Prüfung von 10 000 Kreditanträgen jährlich.
- A-priori-Insolvenzwahrscheinlichkeit entspricht der in Deutschland von 1% je Jahr (d. h. von den 10 000 Kunden sind 9900 solvent und 100 insolvenzgefährdet).
- Durchschnittliche Zuverlässigkeit aller Kreditsachbearbeiter, die bei der vollständigen individuellen Kreditbeurteilung aller 10 000 Anträge eingesetzt würden, von 76% (Alpha-Fehler = Beta-Fehler = 24%).
- Zuverlässigkeit des Drittels der besten Kreditsachbearbeiter, die bei Einsatz eines KNN nur noch zur individuellen Prüfung der als „insolvenzgefährdet" klassifizierten Unternehmen benötigt würden, von 90% (Alpha-Fehler = Beta-Fehler = 10%).
- Kosten einer Kreditprüfung durch Kreditsachbearbeiter von durchschnittlich 500 DM bei individueller Prüfung aller 10 000 Anträge.
- Kosten einer Kreditprüfung der vom KNN als „insolvenzgefährdet" klassifizierten Unternehmen durch die besten Kreditsachbearbeiter von durchschnittlich 550 DM (arbeiten schneller, werden aber auch besser bezahlt).

	Tatsächliche Aufteilung		Beurteilung durch Kreditsachbearbeiter		Konsequenz
10.000 Unter-neh-men stellen einen Kredit-antrag	99 %	9.900 tatsächlich Gesunde	76 %	7.524 Gesunde als „gesund"	Kredit wird gewährt
			24 %	2.376 Gesunde als „krank"	Kreditantrag wird abgelehnt
	1 %	100 tatsächlich Kranke	24 %	24 Kranke als „gesund"	Kredit wird gewährt
			76 %	76 Kranke als „krank"	Kreditantrag wird abgelehnt

Abb. 6: Traditionelle Kreditwürdigkeitsprüfung

- Kosten für einen Kreditausfall von durchschnittlich 500 000 DM.
- Entgangener Gewinn (Opportunitätskosten) bei einem fälschlich abgelehnten Kredit von durchschnittlich 2500 DM.
- Zuverlässigkeit eines KNN-Klassifikators: Alpha-Fehler = 8,7%, Beta-Fehler = 35%.

Zunächst müssen die Jahresabschlüsse aller 10 000 Firmen, die einen Kreditantrag stellen, erfaßt werden. Die Erfassungskosten bleiben im folgenden Vergleich der beiden Kreditbeurteilungsverfahren allerdings unberücksichtigt, da sie sowohl bei der traditionellen als auch bei der Kreditprüfung mit einem Klassifikator in gleicher Höhe anfallen.

Bei der traditionellen Kreditvergabe-Methode prüfen Kreditsachbearbeiter alle 10 000 Kreditanträge und stufen von 9900 gesunden (solventen) Unternehmen 7524 richtig als solche ein, während 2376 fälschlich als „krank" (insolvenzgefährdet) beurteilt werden (76% richtige Klassifikationsleistung). Von den 100 tatsächlich kranken Unternehmen werden 76 zutreffend als „krank" und 24 fälschlich als „gesund" beurteilt (siehe Abbildung 6). Somit entstehen für 10 000 Unternehmen Bearbeitungskosten (5 000 000 DM), bei 2376 Unternehmen entgeht dem Kreditinstitut Gewinn (5 940 000 DM) und bei 24 Unternehmen kommt es zu Kreditausfällen (12 000 000 DM). Die Gesamtkosten pro Jahr betragen demnach bei der traditionellen Kreditprüfung 22 940 000 DM (siehe Abbildung 8, linke Seite).

Bei der zweistufigen Kreditvergabe-Methode unter Einsatz eines KNN-Klassifikators werden zunächst auf der ersten Stufe alle 10 000 Unternehmen, die einen Kreditantrag gestellt haben, durch den Klassifikator bewertet. Von den 9900 gesunden Unternehmen werden 6435 richtig als „gesund" und 3465 fälschlich als „krank" beurteilt. Diese fälschlich als „krank" klassifizierten Unternehmen werden auf der zweiten Stufe durch die besten Kreditsachbearbeiter beurteilt, wobei 3119 Unternehmen richtig als „gesund" und 346 weiterhin fälschlich als „krank" klassifiziert werden. 91 kranke Unternehmen werden auf der ersten Stufe durch den Klassifikator richtig als „krank" und

	Traditionelle Kreditprüfung		Zweistufige Kreditprüfung	
Bearbeitungskosten	10.000 Anträge werden durch Sachbearbeiter geprüft	500 DM kostet jede Prüfung. Kosten: 5.000.000 DM	3.556 Unternehmen werden als „krank“ vor-beurteilt und daher noch durch Sachbearbeiter geprüft	550 DM kostet jede Prüfung. Kosten: 1.955.800 DM
Opportunitätskosten	2.376 gesunde Unternehmen werden fälschlich als „krank“ beurteilt und abgelehnt	2.500 DM Gewinn entgeht pro Unternehmen. Kosten: 5.940.000 DM	346 gesunde Unternehmen werden nach beiden Stufen noch fälschlich als „krank“ beurteilt und abgelehnt	2.500 DM entgeht pro Unternehmen. Kosten: 865.000 DM
Ausfallkosten	24 kranke Unternehmen werden fälschlich als „gesund“ beurteilt	500.000 DM Verlust entsteht pro Unternehmen. Kosten: 12.000.000 DM	18 kranke Unternehmen werden insgesamt fälschlich als „gesund“ beurteilt	500.000 DM Verlust entsteht pro Unternehmen. Kosten: 9.000.000 DM
Gesamtkosten	22.940.000 DM			11.820.800 DM
	Jährliche Kostenersparnis durch die zweistufige Prüfung mit KNN:			11.119.200 DM

Abb. 7: Kreditwürdigkeitsprüfung mit einem KNN-Klassifikator

neun fälschlich als „gesund“ eingestuft. Von den richtig als „krank“ klassifizierten Unternehmen werden durch die besten Kreditsachbearbeiter auf der zweiten Stufe 82 richtig als „krank“ und neun fälschlich als „gesund“ beurteilt (siehe Abbildung 7). Insgesamt werden also bei der zweistufigen Kreditprüfung 3556 (3465 + 91) Unternehmen vom Klassifikator als „krank“ eingestuft und bedürfen daher noch einer Prüfung durch die erfahrensten Kreditsachbearbeiter (Bearbeitungskosten 1 955 800 DM). Hier wird deutlich, daß gegenüber der traditionellen Methode lediglich 35% der Kreditanträge durch

	Tatsächliche Aufteilung	Klassifikation mit KNN	Beurteilung durch die erfahrensten Kreditsachbearbeiter	Konsequenz
10.000 Unternehmen stellen einen Kreditantrag	99 % 9.900 tatsächlich Gesunde	65 % 6.435 Gesunde als „gesund“	Entfällt → Rationalisierungsvorteil	Kredit wird gewährt
		35 % 3.465 Gesunde als „krank“	90 % 3.119 Gesunde als „gesund“	Kredit wird gewährt
			10 % 346 Gesunde als „krank“	Kreditantrag wird abgelehnt
	1 % 100 tatsächlich Kranke	8,7 % 9 Kranke als „gesund“	Entfällt → Rationalisierungsvorteil	Kredit wird gewährt
		91,3 % 91 Kranke als „krank“	10 % 9 Kranke als „gesund“	Kredit wird gewährt
			90 % 82 Kranke als „krank“	Kreditantrag wird abgelehnt

Abb. 8: Kostenvergleich der beiden Methoden zur Kreditwürdigkeitsprüfung (jährlich)

„teure" Kreditsachbearbeiter bewertet werden müssen. Weiterhin entstehen 865 000 DM Opportunitätskosten, da 346 gesunde Unternehmen nach beiden Stufen noch fälschlich als „krank" klassifiziert werden. 18 (9 + 9) kranke Unternehmen werden insgesamt fälschlich als „gesund" eingestuft (Ausfallkosten 9 000 000 DM). Gegenüber der traditionellen Kreditprüfung konnten bei der zweistufigen Kreditprüfung also die Bearbeitungskosten um 60%, die Opportunitätskosten um 85% und die Ausfallkosten um 25% reduziert werden. Die Gesamtkosten pro Jahr für die zweistufige Kreditprüfung betragen 11 820 800 DM, so daß sich gegenüber der traditionellen Kreditprüfung eine Kostenersparnis von 11 119 200 DM pro Jahr ergibt (siehe Abbildung 8, rechte Seite). Damit haben sich die Kosten für die Entwicklung und Implementierung eines solchen Klassifikators schnell amortisiert.

3. Das objektive, Bilanzpolitik konterkarierende, ganzheitliche System zur Bilanzbonitätsbeurteilung BP-14

3.1 Warum ist das Urteil des BP-14 objektiv?

Das BP-14 (BP steht für die Backpropagation-Architektur des KNN und die 14 für die Zahl der mit der Künstlichen Neuronalen Netzanalyse als optimal ausgewählten Jahresabschlußkennzahlen) ist aus 11 427 repräsentativen Jahresabschlüssen entwickelt worden, von denen 10 515 von solventen und 912 von später insolvent gewordenen Unternehmen stammen. Dieses Datenmaterial wurde für die Künstliche Neuronale Netzanalyse in eine Lern-, eine Test- und eine Validierungsstichprobe aufgeteilt. An der Lernstichprobe lernt das KNN, solvente von insolvenzgefährdeten Unternehmen zu trennen, indem die Datensätze der Lernstichprobe dem Netz als Beispiele präsentiert werden. An den Datensätzen der Teststichprobe werden die Fehler des Netzes nach verschiedenen Trainingszyklen zur Einstellung der Netzparameter (z. B. Zahl der Neuronen, Verbindungsgewichte und zur Vermeidung des Overtraining) ermittelt. An den Daten der Validierungsstichprobe, also an Daten, die dem Netz während seiner Entwicklung nie präsentiert wurden, wird die Klassifikationsleistung des fertig entwickelten Netzes geprüft.

Ein KNN besteht meist aus mehreren Schichten von Neuronen, die miteinander verbunden sind. Neuronen eines KNN nehmen Informationen auf, verarbeiten diese mathematisch und geben die verarbeiteten Informationen weiter. Wie stark die Informationen, die ein Neuron abgibt, in die nachfolgenden Neuronen eingehen, hängt von dem Gewicht der Verbindung zwischen diesen Neuronen ab. Das Start-KNN unserer Untersuchung bestand aus einer

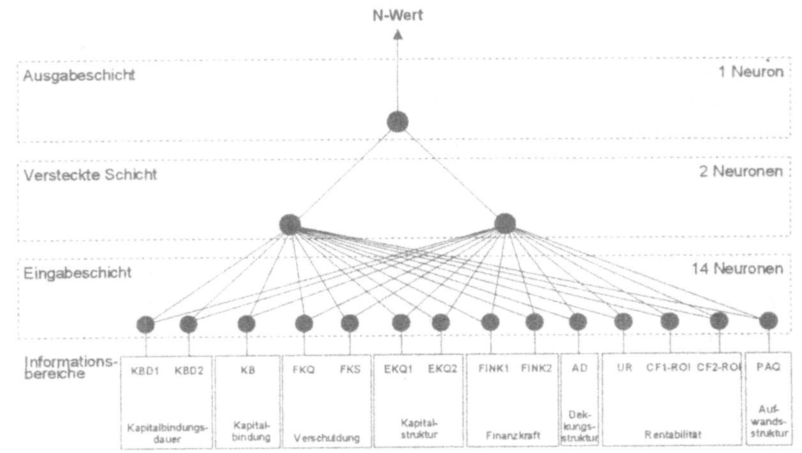

Zur Legende bezüglich der abgekürzten Kennzahlen vgl. Abb. 14

Abb. 9: Aufbau des BP-14

Eingabeschicht mit 209 Neuronen (Kennzahlen), einer verborgenen Schicht mit zwei Neuronen und einer Ausgabeschicht mit einem Neuron. Jedes Neuron einer Schicht war mit allen Neuronen der folgenden Schicht verbunden.[6]

Im Verlauf der KNNA wurde die Menge der Neuronen der Eingabeschicht, d. h. der Kennzahlen, so reduziert, daß jene Kombination übrig blieb, die solvente von insolvenzgefährdeten Unternehmen mit dem geringsten Fehler trennt. Unwichtige bzw. störende Kennzahlen wurden mit sogenannten Pruning-Algorithmen „abgeschnitten". Das nach dem Pruning beste Netz war das BP-14. Die Eingabeschicht des BP-14 besteht statt aus 209 nur noch aus 14 Neuronen (siehe Abbildung 9).[7]

3.2 Wie konterkariert das BP-14 Bilanzpolitik?

Als Hauptkritikpunkt an der Bilanzanalyse wird vielfach geäußert, daß Unternehmen die Möglichkeit haben, die Darstellung ihrer wirtschaftlichen

[6] Vgl. Baetge, J./Hüls, D./Uthoff, C., Bilanzbonitätsanalyse mit Künstlichen Neuronalen Netzen, S. 23.

[7] Zur Entwicklung des BP-14 vgl. Baetge, J./Hüls, D./Uthoff, C., Früherkennung der Unternehmenskrise, S. 21–29.

Lage durch Sachverhaltsgestaltungen und Bilanzierungswahlrechte zu beeinflussen. Unternehmen, die sich in einer Krise befinden, werden versuchen, ihre Lage möglichst gut darzustellen, während sich bestandsfeste Unternehmen möglicherweise schlechter präsentieren, um für Krisenzeiten stille Reserven zu legen. Um dem zu begegnen, sind am Institut für Revisionswesen der Westfälischen Wilhelms-Universität Münster (IRW) in Zusammenarbeit mit der BPA Baetge & Partner GmbH & Co. Auswertungszentrale KG (BPA) und der BPV Baetge & Partner GmbH & Co. Verfahrensentwicklung KG (BPV) für die Entwicklung des KNN BP-14 einige Kennzahlen so definiert worden, daß bestimmte bilanzpolitische Maßnahmen wieder zurückgerechnet werden. Durch die KNNA wurden dann vor allem diese als „intelligent", d. h. die Bilanzpolitik konterkarierend, bezeichneten Kennzahlen aus dem riesigen Katalog ausgewählt, um somit eine Vergleichbarkeit von Unternehmen herzustellen, die unterschiedliche bilanzpolitische Maßnahmen ergriffen haben. Nachfolgend werden beispielhaft einige bilanzpolitische Möglichkeiten und die entsprechenden Gegenmaßnahmen in den Kennzahlendefinitionen des BP-14 erläutert.

Großes bilanzpolitisches Potential bergen Rückstellungen. Das gilt auch für Pensionsrückstellungen, da für Altzusagen, mittelbare Neuzusagen und ähnliche Verpflichtungen ein Passivierungswahlrecht besteht. Auch die Wahl des Diskontierungszinsfußes, des Verfahrens zur Zuführungsbemessung und steuerliche Wahlrechte beeinflussen die Höhe der Pensionsrückstellungen. Daher werden die Zuführungen zu den Pensionsrückstellungen bei der Kennzahl CF2-ROI zum ertragswirtschaftlichen Cash Flow addiert, um auf diese Weise die Wirkung der entsprechenden Bilanzpolitik bei der Rendite-Kennzahl zu neutralisieren. Außerdem werden außerordentliche Erträge aus der Auflösung von Rückstellungen aus dem ordentlichen Betriebsergebnis und somit aus dem ertragswirtschaftlichen Cash Flow, der als ordentliches Betriebsergebnis zuzüglich Abschreibungen definiert ist, herausgerechnet. Bei der Eigenkapitalquote EKQ2 werden Veränderungen der Rückstellungen mit den entsprechenden Veränderungen des Eigenkapitals ausgeglichen, indem im Zähler die Rückstellungen zum wirtschaftlichen Eigenkapital addiert werden.

Weiteres bilanzpolitisches Potential steckt in der Bemessung der Abschreibungen. Daher steht bei den Kennzahlen zur Rentabilität CF1-ROI und CF2-ROI der Cash Flow im Zähler, da der Cash Flow keine Abschreibungen enthält. Abbildung 10 verdeutlicht am Beispiel der Lufthansa, wie diese Kennzahlendefinition Abschreibungspolitik konterkariert. Aus dem Geschäftsbericht der Lufthansa für 1992 geht hervor, daß das Unternehmen durch Ausdehnung der Plannutzungsdauer seiner Flugzeuge von zehn auf zwölf Jahre und Erhöhung des angenommenen Restverkaufserlöses von 5% auf 15%

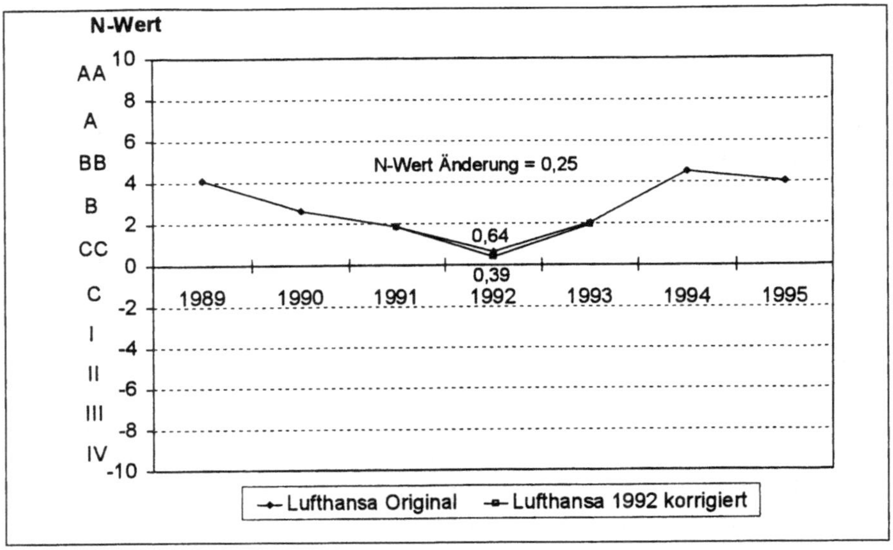

Abb. 10: Lufthansa mit und ohne Bilanzpolitik in 1992

der Anschaffungskosten die Abschreibungen um rund 400 Mio. DM reduziert hat.[8] Auf den N-Wert haben diese Maßnahmen indes kaum einen Einfluß. Die Differenz zwischen dem N-Wert auf Grundlage der Originaldaten des Geschäftsberichts (0,64) und dem N-Wert auf Grundlage der zurückgerechneten Daten (0,39) beträgt lediglich 0,25. Lufthansa befindet sich mit oder ohne Bilanzpolitik 1992 in der Güteklasse CC, weist also eine ausreichende Bilanzbonität aus.

Vielfach versuchen Unternehmen, ihre Eigenkapitalquote durch eine Sale-and-lease-back-Politik zu verbessern, indem sie Grundstücke und Bauten verkaufen, sie zurückmieten und aus dem Verkaufserlös Kredite tilgen. Um diese Unternehmen nicht besser zu beurteilen als Unternehmen, die kein Sale-and-lease-back betrieben haben, werden bei den Eigenkapitalquoten EKQ1 und EKQ2 die Grundstücke und Bauten von der Bilanzsumme und bei der Anlagendeckung AD von den Sachanlagen im Nenner abgezogen.

Durch sogenanntes Window-dressing, bei dem Unternehmen kurz vor dem Bilanzstichtag Fremdkapital aufnehmen, um ihre Liquidität zu verbessern, verschlechtern diese Unternehmen ihre Eigenkapitalquote. Um eine Vergleichbarkeit zwischen Unternehmen mit und ohne diese Maßnahme her-

[8] Vgl. Geschäftsbericht Lufthansa 1992, S. 33.

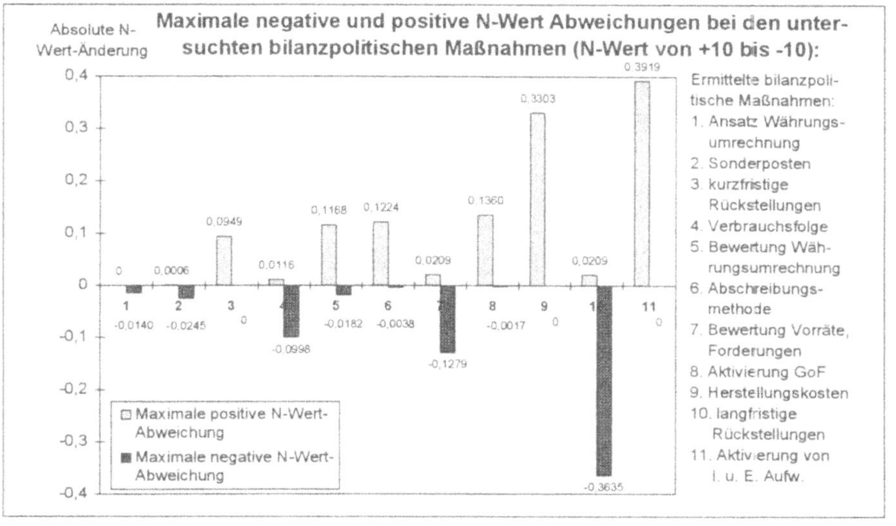

Abb. 11: N-Wert-Abweichungen durch Bilanzpolitik

zustellen, werden bei den Eigenkapitalquoten EKQ1 und EKQ2 die flüssigen Mittel von der Bilanzsumme im Nenner abgezogen.

Für erhaltene Anzahlungen auf Bestellungen besteht gemäß § 268 Abs. 5 Satz 2 HGB ein Wahlrecht, diese auf der Aktivseite offen von den Vorräten abzusetzen oder dafür auf der Passivseite einen gesonderten Posten zu bilden. Je nachdem, wie dieses Wahlrecht ausgenutzt wird, fallen Bilanzsumme und Fremdkapital niedriger oder höher aus. Um die Unternehmen besser vergleichen zu können, werden bei den Kennzahlen des BP-14 die erhaltenen Anzahlungen aus der Bilanzsumme und dem Fremdkapital herausgerechnet.

Für selbst erstellte immaterielle Vermögensgegenstände des Anlagevermögens besteht gemäß § 248 Abs. 2 HGB ein Aktivierungsverbot, welches allerdings durch Sachverhaltsgestaltung umgangen werden kann. Gemäß § 255 Abs. 4 HGB besteht für den Geschäfts- oder Firmenwert ein Aktivierungswahlrecht, welches von den Unternehmen unterschiedlich ausgenutzt wird. Um trotz der Sachverhaltsgestaltungen und der unterschiedlichen Ausnutzung dieses Wahlrechtes eine bessere Vergleichbarkeit zu erreichen, werden bei der Eigenkapitalquote EKQ1 die immateriellen Vermögensgegenstände im Zähler vom wirtschaftlichen Eigenkapital und im Nenner von der Bilanzsumme abgezogen.

Auch bei der Forderungsbewertung existieren Ermessensspielräume. Daher werden Erträge aus der Auflösung von Wertberichtigungen auf Forderungen

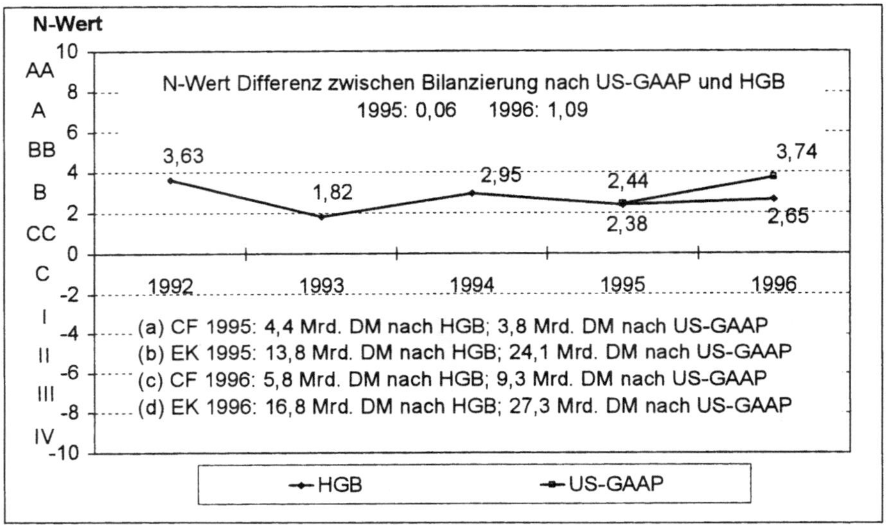

Abb. 12: N-Werte von Daimler Benz nach HGB und nach US-GAAP

aus dem ordentlichen Betriebsergebnis und somit auch aus dem Cash Flow herausgerechnet (betrifft die Kennzahlen UR, CF1-ROI, CF2-ROI).

In einer Untersuchung von 138 Geschäftsberichten der größten Unternehmen Deutschlands wurden 47 Einzelfälle von quantifizierbarer Bilanzpolitik festgestellt, die sich auf elf verschiedene bilanzpolitische Maßnahmen verteilen. Abbildung 11 zeigt die N-Wert-Abweichungen bei den einzelnen Maßnahmen (Differenz zwischen N-Wert mit und ohne die bilanzpolitische Maßnahme), wobei die Aktivierung von Ingangsetzungs- und Erweiterungsaufwendungen den größten Einfluß auf den N-Wert hatte. Allerdings betrug die N-Wert-Abweichung auch bei dieser Maßnahme nur 0,3919 N-Wert-Punkte von 20 Maximal-Punkten, was bei einer N-Wert-Skala von +10 bis –10 lediglich 1,96% entspricht. Die größte Abweichung, die sich bei einem der 138 Unternehmen aufgrund von mehreren gleichgerichteten bilanzpolitischen Maßnahmen ermitteln ließ, waren 0,713 Punkte, also gerade einmal 3,57% der gesamten Skala.

Immer mehr deutsche Unternehmen veröffentlichen neben einem HGB-Abschluß auch einen internationalen Abschluß oder nutzen Wahlmöglichkeiten des deutschen Bilanzrechts im Sinne von internationalen Regeln aus. An einigen Beispielen wurde geprüft, wie sich die Rechnungslegung nach US-GAAP und nach IAS auf das Urteil des BP-14 auswirkt. Der Daimler-Benz-Konzern hat 1996 neben dem HGB-Abschluß einen Jahresabschluß nach US-

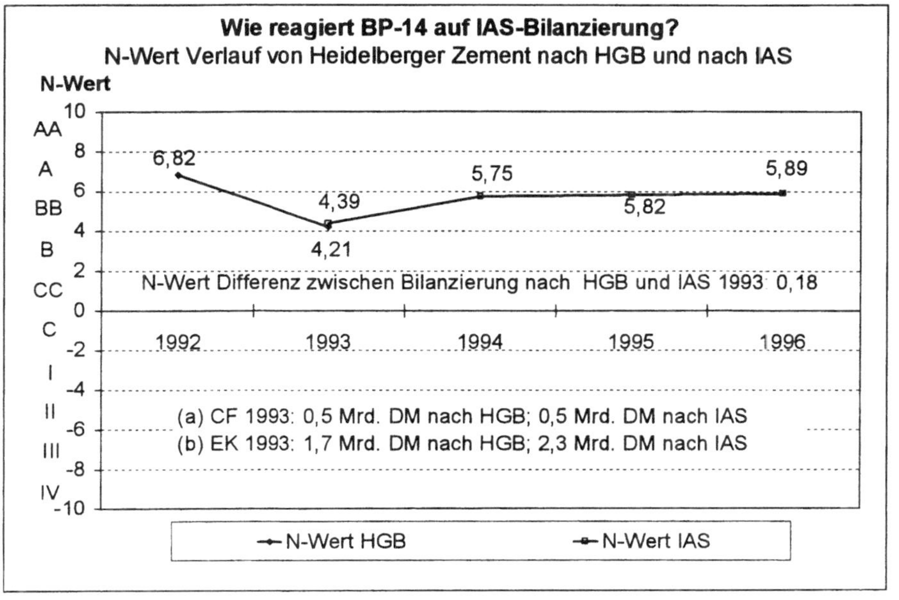

Abb. 13: N-Werte von Heidelberger Zement nach HGB und nach IAS

GAAP veröffentlicht, dem auch die US-GAAP-Werte für 1995 zu entnehmen sind. Berechnet man die N-Werte für die Jahre 1995 und 1996 einmal nach US-GAAP und einmal nach HGB, ergeben sich trotz ganz erheblicher Unterschiede im Cash Flow und im Eigenkapital nur geringe Unterschiede in den N-Werten (Abbildung 12).

Ähnliche Ergebnisse lassen sich bei der Bilanzierung nach den IAS in den Grenzen des HGB beobachten. Bei Heidelberger Zement weicht 1993 der HGB-N-Wert kaum vom IAS-N-Wert ab, obwohl sich das HGB-Eigenkapital (1,7 Mrd. DM) um 600 Mio. DM vom IAS-Eigenkapital (2,3 Mrd. DM) unterscheidet (Abbildung 13).

3.3 Warum ist das Urteil des BP-14 ganzheitlich?

Das Urteil des BP-14 ist ganzheitlich, da in das Urteil Kennzahlen aus allen acht in einer Clusteranalyse ermittelten Informationsbereichen des Jahresabschlusses eingehen. Diese Informationsbereiche decken die Vermögens-, Finanz- und Ertragslage vollständig ab. In Abbildung 14 sind die Definitionen der Kennzahlen des BP-14 mit den zugehörigen Hypothesen I<S oder I>S auf-

		Informations-bereich	Signum	Definition	Kurzdefinition	≷
Kennzahlen der	Vermögenslage	Kapital-bindungs-dauer	KBD1	((Akzepte + Verbindlichkeiten aus Lieferungen und Leistungen) x 360) : Gesamtleistung	$\frac{(AKZ + VLL) \times 360}{GL}$	>
			KBD2	((Akzepte + Verbindlichkeiten aus Lieferungen und Leistungen) x 360) : Umsatz	$\frac{(AKZ + VLL) \times 360}{U}$	>
		Kapital-bindung	KB	(Kfr. Bankverbindlichkeiten + Kfr. Verbindlichkeiten aus Lieferungen und Leistungen + Akzepte + Kfr. Sonstige Verbindlichkeiten) : Umsatz	$\frac{Kfr.BankVB + Kfr.VLL + AKZ + Kfr.SOVB}{U}$	>
		Verschuldung	FKQ	Kfr. Fremdkapital - Erhaltene Anzahlungen : Bilanzsumme	$\frac{Kfr.FK - Erh.ANZ}{BISU}$	>
			FKS	(Verbindlichkeiten aus Lieferungen und Leistungen + Akzepte + Bankverbindlichkeiten) : (Fremdkapital - Erhaltene Anzahlungen)	$\frac{VLL + AKZ + BankVB}{FK - Erh.ANZ}$	>
		Kapitalstruktur	EKQ1	(Wirtschaftliches Eigenkapital - Immaterielle Vermögensgegenstände) : (Bilanzsumme - Immaterielle Vermögensgegenstände - Flüssige Mittel - Grundstücke und Bauten)	$\frac{WEK - IMMVG}{BISU - IMMVG - FM - GB}$	<
			EKQ2	(Wirtschaftliches Eigenkapital + Rückstellungen) : (Bilanzsumme - Flüssige Mittel - Grundstücke und Bauten)	$\frac{WEK + RSTG}{BISU - FM - GB}$	<
	Finanzlage	Finanzkraft	FINK1	Ertragswirt. Cash Flow : (Fremdkapital - Erhaltene Anzahlungen)	$\frac{CF}{FK - Erh.ANZ}$	<
			FINK2	Ertragswirt. Cash Flow (intern) : (Kfr. Fremdkapital + Mfr. Fremdkapital - Erhaltene Anzahlungen)	$\frac{CF}{Kfr.FK + Mfr.FK - Erh.ANZ}$	<
		Deckungs-struktur	AD	Wirtschaftliches Eigenkapital : (Sachanlagevermögen - Grundstücke und Bauten)	$\frac{WEK}{SAV - GB}$	<
	Ertragslage	Rentabilität	UR	Ordentliches Betriebsergebnis : Umsatz	$\frac{BERG}{U}$	<
			CF1-ROI	Ertragswirt. Cash Flow : Bilanzsumme	$\frac{CF}{BISU}$	<
			CF2-ROI	(Ertragswirt. Cash Flow + Zuführungen zu den Pensionsrückstellungen) : Bilanzsumme	$\frac{CF + Zuf.PRST}{BISU}$	<
		Aufwands-struktur	PAQ	Personalaufwand : Gesamtleistung	$\frac{PERSA}{GL}$	>

Legende

KBD1	Kapitalbindungsdauer 1	FINK1	Finanzkraft 1
KBD2	Kapitalbindungsdauer 2	FINK2	Finanzkraft 2
KB	Kapitalbindung	AD	Anlagendeckung
FKQ	Fremdkapitalquote	UR	Umsatzrentabilität
FKS	Fremdkapitalstruktur	CF1-ROI	Cash Flow 1-ROI
EKQ1	Eigenkapitalquote 1	CF2-ROI	Cash Flow 2-ROI
EKQ2	Eigenkapitalquote 2	PAQ	Personalaufwandsquote

Abb. 14: Kennzahlen des BP-14

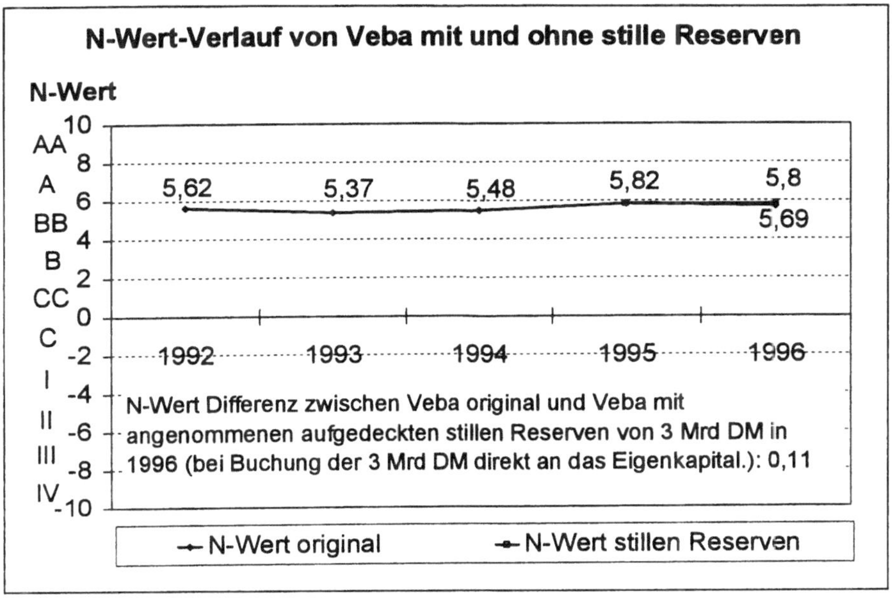

Abb. 15: N-Werte von VEBA mit und ohne stille Reserven

geführt.[9] Ändern sich die Jahresabschlußdaten z. B. an einer Stelle, werden die Auswirkungen dieser Änderung in allen Informationsbereichen berücksichtigt.

Wie ganzheitlich das Urteil des BP-14 ist, wird an dem Beispiel in Abbildung 15 deutlich. Dort wird der N-Wert-Verlauf von VEBA für 1992–1996 gezeigt. Für 1996 wurde zusätzlich ein N-Wert berechnet, der sich ergibt, wenn angenommen wird, daß in den Grundstücken und Bauten von VEBA-Wohnen drei Mrd. DM stille Reserven verborgen wären, die aufgelöst und direkt an das Eigenkapital gebucht werden. Der N-Wert ändert sich durch die Auflösung der angenommenen stillen Reserven kaum, da der positiven Wirkung der Eigenkapitalerhöhung auf die Eigenkapitalquoten verminderte Cash Flow-ROIs gegenüberstehen. Denn hierbei wird der Cash Flow jetzt durch eine höhere Bilanzsumme geteilt.

[9] Zur Erläuterung der Kennzahlen vgl. Hüls, D., Früherkennung insolvenzgefährdeter Unternehmen, S. 84–108; Baetge, J./Kruse, A./Uthoff, C., Bonitätsklassifikationen von Unternehmen, S. 277; Baetge, J./Jerschensky, A., Beurteilung der wirtschaftlichen Lage von Unternehmen, S. 1582–1583.

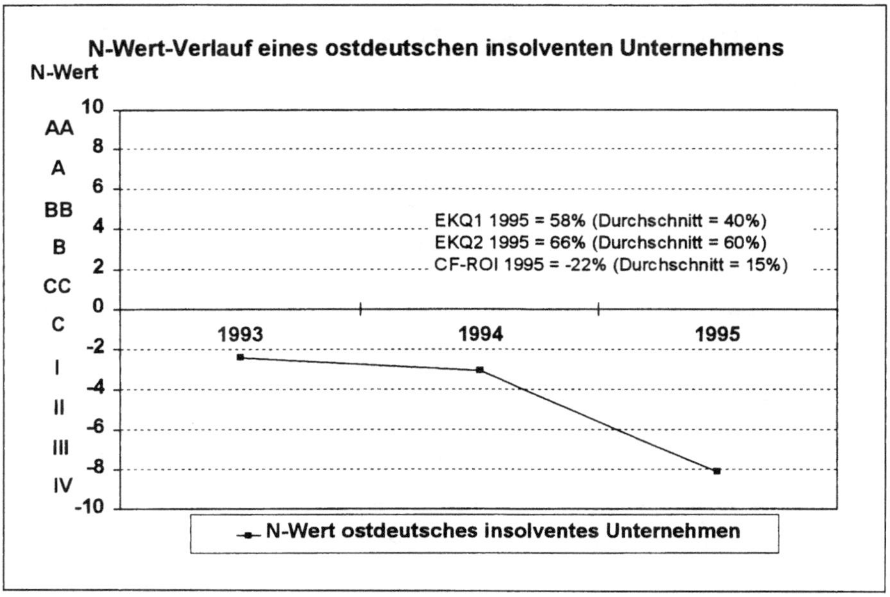

Abb. 16: N-Werte eines ostdeutschen insolventen Unternehmens

In Abbildung 16 wird das BP-14 am Jahresabschluß eines ostdeutschen Unternehmens getestet. Die sogenannten DMBilG-Eröffnungsbilanzen ostdeutscher Unternehmen unterscheiden sich von den Bilanzen nach HGB1985 durch nicht unerhebliche gesetzlich vorgesehene Überhöhungen des Eigenkapitals. Das BP-14 wurde nicht mit DMBilG-Bilanzen trainiert. Es sollte aber durch den Test geprüft werden, ob das BP-14 auch Insolvenzen von solchen Unternehmen erkennt, die nur DMBilG-Bilanzen vorgelegt haben. Das ostdeutsche Unternehmen wurde 1996 insolvent. Trotz hoher Eigenkapitalquoten zeigt der N-Wert bereits 1993 die drohende Insolvenz und verschlechtert sich 1994 und 1995 massiv. Der Grund hierfür liegt in dem weit unterdurchschnittlichen Wert der CF-ROI. Auch dieser Test zeigt die Bewährung des BP-14. Die Früherkennung der Krise ergibt sich wohl aus der ganzheitlichen Erfassung aller relevanten Kennzahlen im BP-14.

3.4 Zuverlässigkeit des BP-14

Durch die alle Informationsbereiche des Jahresabschlusses umfassende ganzheitliche Auswahl der „intelligenten“ Kennzahlen, deren objektive Ge-

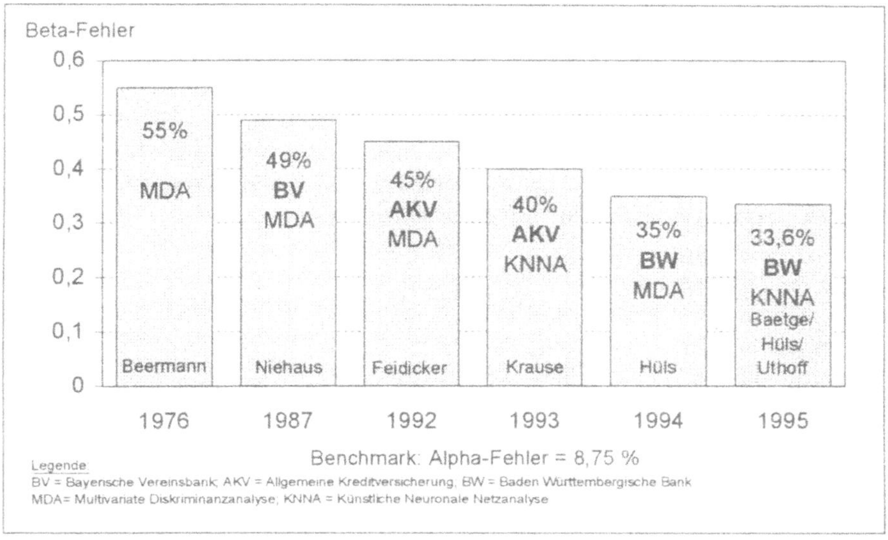

Abb. 17: Lernkurve bei der Entwicklung von Bilanzbonitäts-Klassifikatoren

wichtung und Zusammenfassung sowie deren Bilanzpolitik konterkarierende Definitionen ist das Urteil des BP-14 besonders zuverlässig. Um die Leistung der im Laufe der Jahre in verschiedenen Praxisprojekten entwickelten Klassifikatoren[10] miteinander vergleichen zu können, wird der Beta-Fehler bei einem konstanten Alpha-Fehler von 8,75% berechnet.[11] In Abbildung 17 ist zu erkennen, daß sich der Beta-Fehler von Studie zu Studie immer weiter verringert hat. Diese Verbesserung der Klassifikationsergebnisse ist zum einen darauf zurückzuführen, daß die Größe des Datenbestandes, an dem die Klassifikatoren entwickelt und getestet wurden, stark zugenommen hat. Um das in die Analyse eingehende Datenmaterial zu verbessern, wurden die Jahresabschlüsse der Analysestichprobe sehr gründlich gegliedert und

[10] Bisherige Studien: Niehaus, H.-J., Früherkennung von Unternehmenskrisen; Feidicker, M., Kreditwürdigkeitsprüfung; Krause, C., Kreditwürdigkeitsprüfung mit Neuronalen Netzen; Hüls, D., Früherkennung insolvenzgefährdeter Unternehmen; Baetge, J./Hüls, D./Uthoff, C., Früherkennung der Unternehmenskrise; Baetge, J./Kruse, A./Uthoff, C., Bonitätsklassifikationen von Unternehmen; weitere Projekte mit der BfG Bank AG und mit der Bayerischen Hypotheken- und Wechselbank AG, der Allgemeinen Kreditversicherung AG und dem Verband der Vereine Creditreform e.V. wurden vor kurzem mit großem Erfolg abgeschlossen; siehe auch Uthoff, C., Erfolgsoptimale Kreditwürdigkeitsprüfung.

[11] Dieser α-Fehler ergab sich in einer Untersuchung von Feidicker und wird von uns seitdem als Benchmark benutzt, um verschiedene Bilanzbonitätsbeurteilungssysteme anhand des β-Fehlers vergleichen zu können, vgl. Feidicker, M., Kreditwürdigkeitsprüfung, S. 212–214.

nacherfaßt. Zusätzlich ist der Kennzahlenkatalog, aus dem die zur Bonitätsbeurteilung relevanten Kennzahlen gewählt wurden, enorm vergrößert worden, u. a. auch um Bilanzpolitik konterkarierende Kennzahlen. Auch Verfahren zur Kennzahlenauswahl, -gewichtung und -zusammenfassung wurden verbessert, indem neben der MDA die KNNA angewendet wurde. Das KNN BP-14 mit einem Beta-Fehler von 33,55% bei einem Alpha-Fehler von 8,75% ist bis 1995 das beste System zur Bilanzbonitätsanalyse.

4. *Zusammenfassung*

Gegenüber der traditionellen Bilanzanalyse hat die moderne Bilanzanalyse mit KNN den Vorteil, daß die relevanten Kennzahlen mathematisch-statistisch anhand einer großen Menge von Jahresabschlüssen ausgewählt, gewichtet und zusammengefaßt werden. Die KNNA ist sowohl der herkömmlichen Bilanzanalyse als auch allen auf subjektiven Erfahrungen von Bilanzanalytikern beruhenden Scoring-Systemen überlegen. Mit KNN ist daher eine schnelle, objektive und ganzheitliche Beurteilung der Bilanzbonität von Unternehmen möglich. Mit der KNNA werden mit Hilfe „intelligenter" Kennzahlen bilanzpolitische Maßnahmen konterkariert. Ebenso hat die Bilanzierung nach US-GAAP oder IAS kaum Auswirkungen auf das Urteil des KNN. KNN können zu einer erheblichen Kostenreduzierung bei der Kreditwürdigkeitsprüfung führen und lassen sich erfolgsoptimal an die Gegebenheiten eines Kreditinstitutes anpassen.

5. Literatur

BAETGE, JÖRG: Rating von Unternehmen anhand von Bilanzen, in: Die Wirtschaftsprüfung 1/94, S. 1–10 (Rating von Unternehmen).

BAETGE, JÖRG/HÜLS, DAGMAR/KRAUSE, CLEMENS/UTHOFF, CARSTEN: Rationalisierung des Firmenkundenkreditgeschäfts auf der Basis empirisch-statistisch gewonnener Bilanzbonität, in: vbo-Informationen 1994, S. 4–25 (Rationalisierung des Firmenkundenkreditgeschäfts).

BAETGE, JÖRG/HÜLS, DAGMAR/UTHOFF, CARSTEN: Bilanzbonitätsanalyse mit Künstlichen Neuronalen Netzen, in: Gesellschaft zur Förderung der Westfälischen Wilhelms-Universität 1994/95, S. 22–26 (Bilanzbonitätsanalyse mit Künstlichen Neuronalen Netzen).

BAETGE, JÖRG/HÜLS, DAGMAR/UTHOFF, CARSTEN: Früherkennung der Unternehmenskrise. Neuronale Netze als Hilfsmittel für Kreditprüfer, in: Forschungsjournal Westfälische Wilhelms-Universität Münster 2/95, S. 21–29 (Früherkennung der Unternehmenskrise).

BAETGE, JÖRG/JERSCHENSKY, ANDREAS: Beurteilung der wirtschaftlichen Lage von Unternehmen mit Hilfe von modernen Verfahren der Jahresabschlußanalyse, in: Der Betrieb 32/96, S. 1581–1591 (Beurteilung der wirtschaftlichen Lage von Unternehmen).

BAETGE, JÖRG/KRUSE, ARIANE/UTHOFF, CARSTEN: Bonitätsklassifikationen von Unternehmen, in: Wirtschaftsinformatik 3/96, S. 273–281 (Bonitätsklassifikationen von Unternehmen).

BAETGE, JÖRG/SIERINGHAUS, ISABEL: Bilanzbonitäts-Rating von Unternehmen, in: Handbuch Rating, hrsg. v. Büschgen, Hans E./Everling, Oliver, Wiesbaden 1996, S. 221–249 (Bilanzbonitäts-Rating).

BAETGE, JÖRG/UTHOFF, CARSTEN: Sicheres Kreditgeschäft, in: Creditreform 3/97, S. 10–14 (Sicheres Kreditgeschäft).

FEIDICKER, MARKUS: Kreditwürdigkeitsprüfung. Entwicklung eines Bonitätsindikators, dargestellt am Beispiel von Kreditversicherungsunternehmen, Schriften des Instituts für Revisionswesen der Westfälischen Wilhelms-Universität Münster, hrsg. v. Jörg Baetge, Düsseldorf 1992 (Kreditwürdigkeitsprüfung).

HÜLS, DAGMAR: Früherkennung insolvenzgefährdeter Unternehmen, Schriften des Instituts für Revisionswesen der Westfälischen Wilhelms-Universität Münster, hrsg. v. Jörg Baetge, Düsseldorf 1995 (Früherkennung insolvenzgefährdeter Unternehmen).

KRAUSE, CLEMENS: Kreditwürdigkeitsprüfung mit Neuronalen Netzen, Schriften des Instituts für Revisionswesen der Westfälischen Wilhelms-Universität Münster, hrsg. v. Jörg Baetge, Düsseldorf 1993 (Kreditwürdigkeitsprüfung mit Neuronalen Netzen).

LUFTHANSA AG, Geschäftsbericht 1992 (Geschäftsbericht Lufthansa 1992).

NIEHAUS, HANS-JÜRGEN: Früherkennung von Unternehmenskrisen. Die statistische Jahresabschlußanalyse als Instrument der Abschlußprüfung, Schriften des Instituts für Revisionswesen der Westfälischen Wilhelms-Universität Münster, hrsg. v. Jörg Baetge, Düsseldorf 1987 (Früherkennung von Unternehmenskrisen).

UTHOFF, CARSTEN: Erfolgsoptimale Kreditwürdigkeitsprüfung auf der Basis von Jahresabschlüssen und Wirtschaftsauskünften mit Künstlichen Neuronalen Netzen, Stuttgart 1997 (Erfolgsoptimale Kreditwürdigkeitsprüfung).

Veröffentlichungen
der Nordrhein-Westfälischen Akademie der Wissenschaften

Neuerscheinungen 1990 bis 1998

Vorträge N Heft Nr.		NATUR-, INGENIEUR- UND WIRTSCHAFTSWISSENSCHAFTEN
384	*Sigrid Peyerimhoff, Bonn*	Theoretische Untersuchung kleiner Moleküle in angeregten Elektronenzuständen
	Siegfried Mattern, Aachen	Konkremente im menschlichen Organismus: Aspekte zur Bildung und Therapie
385	*Parlamentarisches Kolloquium*	Wissenschaft und Politik – Molekulargenetik und Gentechnik in Grundlagenforschung, Medizin und Industrie
386	*Bernd Höfflinger, Stuttgart*	Neuere Entwicklungen der Silizium-Mikroelektronik
387	*János Kertész, Köln*	Tröpfchenmodelle des Flüssig-Gas-Übergangs und ihre Computer-Simulation
388	*Erhard Hornbogen, Bochum*	Legierungen mit Formgedächtnis
389	*Otto D. Creutzfeld, Göttingen*	Die wissenschaftliche Erforschung des Gehirns: Das Ganze und seine Teile
390	*Friedhelm Stangenberg, Bochum*	Qualitätssicherung und Dauerhaftigkeit von Stahlbetonbauwerken
391	*Helmut Domke, Aachen*	Aktive Tragwerke
392	*Sir John Eccles, Contra*	Neurobiology of Cognitive Learning
393	*Klaus Kirchgässner, Stuttgart*	Struktur nichtlinearer Wellen – ein Modell für den Übergang zum Chaos
394	*Hermann Josef Roth, Tübingen*	Das Phänomen der Symmetrie in Natur- und Arzneistoffen
	Rudolf K. Thauer, Marburg	Warum Methan in der Atmosphäre ansteigt. Die Rolle von Archaebakterien
395	*Guy Ourisson, Straßburg*	Die Hopanoide
	Werner Schreyer, Bochum	Ultra-Hochdruckmetamorphose von Gesteinen als Resultat von tiefer Versenkung kontinentaler Erdkruste
396	*Gottfried Bombach, Basel*	Zyklen im Ablauf des Wirtschaftsprozesses – Mythos und Realität
	Knut Bleicher, St. Gallen	Unternehmungsverfassung und Spitzenorganisation in internationaler Sicht
397	*Jean-Michel Grandmont, Paris*	Expectations Driven Nonlinear Business Cycles
	Martin Weber, Kiel	Ambiguitätseffekte in experimentellen Märkten
398	*Alfred Pühler, Bielefeld*	Bakterien-Pflanzen-Interaktion: Analyse des Signalaustauschs zwischen den Symbiosepartnern bei der Ausbildung von Luzerneknöllchen
399	*Horst Kleinkauf, Berlin*	Enzymatische Synthese biologisch aktiver Antibiotikapeptide und immunologisch suppressiver Cyclosporinderivate
	Helmut Sies, Düsseldorf	Reaktive Sauerstoffspezies: Prooxidantien und Antioxidantien in Biologie und Medizin
400	*Herbert Gleiter, Saarbrücken*	Nanostrukturierte Materialien
	Hans Lüth, Jülich	Halbleiterheterostrukturen: Große Möglichkeiten für die Mikroelektronik und die Grundlagenforschung
401	*Gerhard Heimann, Aachen*	Medikamentöse Therapie im Kindesalter
	Egon Macher, Münster/Westf.	Die Haut als immunologisch aktives Organ
402	*Konstantin-Alexander Hossmann, Köln*	Mechanismen der ischämischen Hirnschädigung
	Herrmann M. Bolt, Dortmund	Zur Voraussagbarkeit toxikologischer Wirkungen: Kanzerogenität von Alkenen
403	*Volker Weidemann, Kiel*	Endstadien der Sternentwicklung
	Alfred Müller, Erlangen	Quantenmechanische Rotationsanregungen in Kristallen
404	*Matthias Kreck, Mainz*	Positive Krümmung und Topologie
405	*Benno Parthier, Halle*	Problemfelder der zusammengefügten deutschen Wissenschaftslandschaft
	Erhard Hornbogen, Bochum	Kreislauf der Werkstoffe
406	*Hubert Markl, Konstanz, Berlin*	Wissenschaftliche Eliten und wissenschaftliche Verantwortung in der industriellen Massengesellschaft

407	*Joachim Trümper, Garching*	Was der Röntgensatellit ROSAT entdeckte
	Dietrich Neumann, Köln	Ökologische Probleme im Rheinstrom
408	*Wilfried Werner, Bonn*	Recycling biogener Siedlungsabfälle in der Landwirtschaft
409	*Holger W. Jannasch, Woods Hole MA*	Neuartige Lebensformen an den Thermalquellen der Tiefsee
410	*Hartmut Zabel, Bochum*	Epitaxielle Schichten: Neue Strukturen und Phasenübergänge
	Eckart Kneller, Bochum	Der Austauschfeder-Magnet: Ein neues Materialprinzip für Permanentmagnete
411	*Brigitte M. Jockusch, Braunschweig*	Architekturelemente tierischer Zellen
412	*Alfred Fettweis, Bochum*	Numerische Integration partieller Differentialgleichungen mit Hilfe diskreter passiver dynamischer Systeme
413	*Ernst Bayer, Tübingen*	Theorie und Praxis der Niedertemperaturkonvertierung zur Rezyklisierung von Abfällen
	Hansjörg Sinn, Hamburg	Wertstoff- und Energie-Rückgewinnung aus hochkalorigen Abfallstoffen wie Altreifen und Kunststoff-Schrott
414	*Wolfgang Priester, Bonn*	Über den Ursprung des Universums: Das Problem der Singularität
415	*Wilhelm Stoffel, Köln*	Serendipity: Eine neue Glutamat-Neurotransmitter-Transporter-Familie und ihre pathogenetische Bedeutung
416	*Dieter Richter, Jülich*	Viskoelastizität und mikroskopische Bewegung in dichten Polymersystemen
417	*Hans Mohr, Freiburg*	Waldschäden in Mitteleuropa – was steckt dahinter?
418	*Matthias Mertmann, Bochum*	Greifmechanismus aus neuen Verbundwerkstoffen mit Zweiweg-Formgedächtnis
	Wolfgang Gärtner, Mülheim a. d. Ruhr	Die Funktion biologischer photosensorischer Pigmente
419	*Fritz Vögtle, Bonn*	Neue Catenane und Rotaxane in der Supramolekularen Chemie
	Andreas Stork, Jülich	Windkanalanlage zur Bestimmung der gasförmigen Verluste von Umweltchemikalien aus dem System Boden/Pflanze unter feldnahen Bedingungen
	Heinrich Ostendarp, Aachen	Entwicklung neuer Bildaufzeichnungs- und Auswertungstechniken für die holografische Interferometrie
420	*Martin Jansen, Bonn*	Wege zu Festkörpern jenseits der thermodynamischen Stabilität
421	*Hans-Werner Sinn, München*	Volkswirtschaftliche Probleme der Deutschen Vereinigung
422	*Konrad Sandhoff, Bonn*	Glykolipide der Zelloberfläche und die Pathobiochemie der Zelle
423	*Hanns Weiss, Düsseldorf*	Die mitochondrialen Atmungsketten-Komplexe: Funktion und Fehlfunkion bei neurodegenerativen Erkrankungen
424	*Klaus Hahlbrock, Köln*	Krankheitsresistenz bei Pflanzen. Von der Grundlagenforschung zu modernen Züchtungsmethoden
425	*Wolfgang Krätschmer, Heidelberg*	Fullerene und Fullerite – neue Formen des Kohlenstoffs
	Manfred Thumm, Karlsruhe	Gyrotrons – Moderne Quellen für Millimeterwellen höchster Leistung
426	*Hans Elsässer, Heidelberg*	Neue Wege und Ziele astronomischer Forschung
427	*Manfred T. Reetz, Mülheim an der Ruhr*	Größenselektive Synthese von Nanostrukturierten Metall-Clustern
	Heinz Mehlhorn, Düsseldorf	Parasiten: Ihre Bedeutung heute
428	*Günter Spur, Berlin*	Innovation, Arbeit und Umwelt – Leitbilder künftiger industrieller Produktion
	Rainer Jaenicke, Regensburg	Strukturbildung und Stabilität von Eiweißmolekülen
429	*Ulrich Dilthey, Aachen*	Technischer Einsatz von Personal Computern (PC) am Beispiel der Schweißtechnik
	Helmuth Steinmetz, Düsseldorf	Zerebrale Links-Rechts-Asymmetrie: Struktur, Funktion, Entstehung
	Alois Fürstner, Mülheim an der Ruhr	Metallaktivierung am Beispiel Titan: Von den morphologischen Grundlagen zu Anwendungen in der Wirkstoffsynthese
430	*Hartwig Höcker, Aachen*	Implantatwerkstoffe – Versuche zur Erzielung von Biokompatibilität
	Rolf Chini, Bochum	Die Bildung von Planeten in zirkumstellaren Scheiben
431	*Dietrich Uebing, Stuttgart*	Sicherheitstechnik, Umweltschutz und Ressourcenschonung
	Wolfgang Mathis, Wuppertal	Die begrifflichen Grundlagen der Netzwerk- und Systemtheorie
432	*Jörg Baetge, Münster*	Empirische Methoden zur Früherkennung von Unternehmenskrisen
433	*Klaus Knizia, Herdecke*	Schöpferische Zerstörung = zerstörte Schöpfung? Die Industriegesellschaft und die Diskussion der Energiefrage

GPSR Compliance
The European Union's (EU) General Product Safety Regulation (GPSR) is a set of rules that requires consumer products to be safe and our obligations to ensure this.

If you have any concerns about our products, you can contact us on

ProductSafety@springernature.com

In case Publisher is established outside the EU, the EU authorized representative is:

Springer Nature Customer Service Center GmbH
Europaplatz 3
69115 Heidelberg, Germany

www.ingramcontent.com/pod-product-compliance
Lightning Source LLC
LaVergne TN
LVHW082054051026
849532LV00011B/3592
* 9 7 8 3 5 3 1 0 8 4 3 2 9 *